Mein erstes Aquarium

Michael Holtmann/Christine Faltermayr

Mein erstes Aquarium

Anschaffung, Einrichtung, Pflege

Naturbuch Verlag

Die Deutsche Bibliothek – CIP-Einheitsaufnahme

Mein erstes Aquarium : Anschaffung, Einrichtung, Pflege /
Michael Holtmann. Ill.: Christine Faltermayr. – Augsburg :
Naturbuch-Verl., 1996
ISBN 3-89440-195-8
NE: Holtmann, Michael; Faltermayr, Christine

Gedruckt auf chlorfrei gebleichtem Papier

Naturbuch Verlag

Layout: Vera Faßbender, Augsburg
Lektorat: Ulrieke Ruwisch, München
Umschlaggestaltung: Peter Engel, Grünwald
Illustration: Christine Faltermayr, München
Satz: Gesetzt aus der 12/15 P. Sabon von satz-studio gmbh, Bäumenheim
Reproduktion: Colorline, I-Verona
Druck und Bindung: Appl, Wemding
Printed in Germany

ISBN 3-89440-195-8

Inhalt

Vorwort

Was bedacht werden muß!

Bevor man ein Aquarium anschafft, sollte man sich über eines im Klaren sein: Fische und Pflanzen sind lebendige Wesen, für die man eine ziemliche Verantwortung trägt. Ein Aquarium ist also kein Spielzeug! Auch sollten Fische nicht aus einer Laune heraus angeschafft werden. Wenn man sich dessen bewußt ist, spielt es keine Rolle, wie alt man ist um mit diesem interessanten Hobby zu beginnen.

Man wird sicher eine Menge anderer Leute treffen, die ebenfalls daheim ein Aquarium haben und mit Rat und Tat zur Seite stehen. Dieses Buch kann man zusätzlich als Leitfaden benutzen, um Schritt für Schritt den Traum vom eigenen Aquarium zu verwirklichen. Wichtig für den Anfänger ist eine gute Beratung. Neben Büchern sind die Erfahrung und das Wissen eines Zoofachhändlers eine gute Quelle für Tips. Ein solches Geschäft gibt es in fast jeder Stadt.

Fische und Pflanzen sind lebendige Wesen, für die man eine Verantwortung trägt.

Kalt- oder Warmwasser-aquarium?

Vor der Anschaffung eines Aquariums kurz was Grundsätzliches: Bei Aquarien spielen die Größe, Wassertemperatur und Wasserart eine entscheidende Rolle. Die Größe bestimmt, welche und wieviele Fische man in einem Becken pflegen kann. Besonders wichtig ist aber die Wassertemperatur. Einheimische Fische und Pflanzen leben vorwiegend in kühlen Gewässern bei niedrigen Temperaturen, deswegen wird man das Kaltwasseraquarium nicht zusätzlich heizen müssen. Die meisten käuflichen Fische und Pflanzen stammen aber aus den Tropen und Subtropen. Sie fühlen sich erst bei höheren Wassertemperaturen wohl.

Manche Fische benötigen nicht unbedingt beheiztes Wasser, da sie für kurze Zeiträume auch niedrigere Temperaturen vertragen. Sie sind aber darauf angewiesen, daß der Raum, in dem das Aquarium steht, ausreichend beheizt ist. Deshalb noch einmal ausdrücklich: ein zu kalter Raum ist für die allermeisten Fische ungesund. Zu Beginn muß man sich aber nicht nur zwischen Kalt- und Warmwasserfischen entscheiden. Es gibt auch noch Salz(Meeres)-wasseraquarien für Fische und Pflanzen, die in den Meeren und besonders in den Korallenriffen leben. Ein solches Aquarium ist aber sehr viel pflege- und zeitintensiver als ein Süßwasseraquarium und nicht unbedingt für den Einstieg geeignet.

Das Gesellschaftsbecken

Die meisten Aquarianer entscheiden sich zunächst für das sogenannte Gesellschaftsbecken. Im Gegensatz zum Artenbecken, in dem nur eine einzige Fischart gehalten wird, leben im Gesellschaftsbecken verschiedene Fischarten gemeinsam. Man muß nur genau darauf achten, daß die Fische zueinander passen. Manche Fische verhalten sich aggressiv gegenüber anderen oder beanspruchen ein Revier, aus dem alle anderen Beckeninsassen vertrieben werden. Am besten fragt man den Zoofachhändler, der genau weiß, welche Arten gemeinsam in einem Aquarium gepflegt werden können.

Ein Artenbecken bietet optimale Bedingungen für eine bestimmte Fischart. Dies setzt aber spezielle Kenntnisse voraus. Meistens werden Artbecken eingerichtet, um eine ganz bestimmte Fischart zu züchten.

Selber bauen oder kaufen?

Ein Aquarium sollte niemals selbst zusammengebaut werden! In den Fachgeschäften gibt es mittlerweile komplette Becken zu angemessenen Preisen und in großer Auswahl. Der Eigenbau – gerade für ein erstes Becken – lohnt also nicht mehr.

Das Meerwasseraquarium ist nicht unbedingt für den Anfänger geeignet.

Das erste Aquarium

Das Lebenselement der Fische ist das Wasser. Das hat zur Konsequenz, daß man sehr auf die Qualität und Beschaffenheit des Wassers im Aquarium achten muß, damit Fische und Pflanzen gesund bleiben. In der Regel verwendet man Leitungswasser. Je nachdem, wo man zu Hause ist, ist die Qualität des Leitungswassers aber sehr unterschiedlich. Zur Sicherheit sollte man das Wasserwerk vor Ort befragen. In jedem Fall gilt: Nie Fische und Pflanzen in ein frisch gefülltes Aquarium einsetzen, sondern das Wasser erst ein bis zwei Tage abstehen lassen.

Im Gesellschaftsbecken leben verschiedene Fischarten zusammen. Man muß aber darauf achten, daß sie auch zueinander passen.

Was ist überhaupt alles im Wasser?

Auch wenn Wasser immer klar und sauber erscheint, sind in ihm doch viele Stoffe gelöst, die Einfluß auf das Wohlbefinden der Wasserbewohner haben. Die Tabelle zeigt die wichtigsten Inhaltsstoffe und gibt ein Beispiel für ihre Konzentration im Wasser an, das heißt, wieviel vom jeweiligen Stoff im Wasser gelöst ist. Wie man sieht, ist das wirklich etwas für Experten. Wichtig sind vor allem drei Wassermerkmale: die Wasserhärte, die Frage, ob Wasser sauer oder basisch ist und die Art und Menge der Nährstoffe, die im Wasser gelöst sind. Die Wasserhärte – gemessen in Millimol pro Liter (mmol/l) oder nach der älteren, aber gebräuchlicheren Angabe in Grad deutscher Härte (°dH) – gibt an, welche Menge an Magnesium– und Kalziumsalzen in Verbindung mit Kohlensäure im Wasser gelöst ist. Das klingt kompliziert, läßt sich aber einfach nachprüfen: Beim Kochen von Wasser tritt die Kohlensäure aus, und Kalk, der aus den Kalziumsalzen im Wasser entsteht, sammelt sich im Laufe der Zeit als „Kesselstein“ am Boden des Topfes. Wenn man in einer Gegend mit hartem Wasser wohnt, also viel gelöster Kalk im Wasser ist, muß die Waschmaschine oder Kaffeemaschine regelmäßig entkalkt werden. Ob Wasser sauer oder basisch ist, zeigt der pH-Wert an. Diese Bezeichnung kommt aus dem Lateinischen (pondus hydrogenii heißt Gewicht des Wasserstoffs). Die Menge des Wasserstoffs zeigt an, ob im Wasser viel Säure gelöst ist, es also sauer ist, oder ob wenig Säure gelöst ist, es also basisch ist. Die meisten Pflanzen und Tiere fühlen sich wohl bei einem pH-Wert um 7, wenn das Wasser neutral ist. Reines Leitungswasser wäre allerdings vor allem für die Pflanzen eine Art Diätkost, denn sie benötigen zusätzliche Nährstoffe, damit sie wirklich gut gedeihen. Nährstoffe lassen sich durch bestimmte Düngemittel ergänzen, die es beim Zoofachhändler gibt.

Beispiel für im Wasser gelöste Stoffe und deren Konzentrationen

Calcium	20,3	mg/l
Magnesium	10,8	mg/l
Natrium	1,7	mg/l
Kalium	6,7	mg/l
Ammonium	0,01	mg/l
Chlorid	4,4	mg/l
Sulfat	10,3	mg/l
Phosphat	0,02	mg/l
Silikat	11,3	mg/l
Sauerstoff	12,0	mg/l
Nitrit	0,001	mg/l
Nitrat	3,2	mg/l

Wie groß soll mein Aquarium sein?

Wichtig ist es, großzügig zu denken und nicht mit einem zu kleinen Becken anzufangen. Je größer das Becken ist, umso konstanter sind die Lebensbedingungen für Fische und Pflanzen. Allerdings sollte man angesichts der oft recht geringen Preisunterschiede zum nächstgrößeren Becken auch daran denken, daß die Folgekosten für Einrichtung, Pflege und Futter größer sind. Eine sinnvolle Größe für das erste Aquarium ist deshalb eine Wassermenge von 54 l, was einer Länge des Beckens von 60 cm, einer Tiefe (das ist der Abstand zwischen Vorder- und Rückwand des Beckens) von 30 cm und einer Höhe von 30 cm entspricht. Wer erst einmal Erfahrungen im Umgang mit Fischen gesammelt hat, kann jederzeit auf ein größeres Aquarium „umsteigen".

Da die meisten Aquarien mittlerweile ohne Rahmen und mit geklebten Scheiben angeboten werden, sollte man beim Kauf darauf achten, daß es eine Garantie auf den (meist schwarzen) Silikonkautschukkleber gibt.

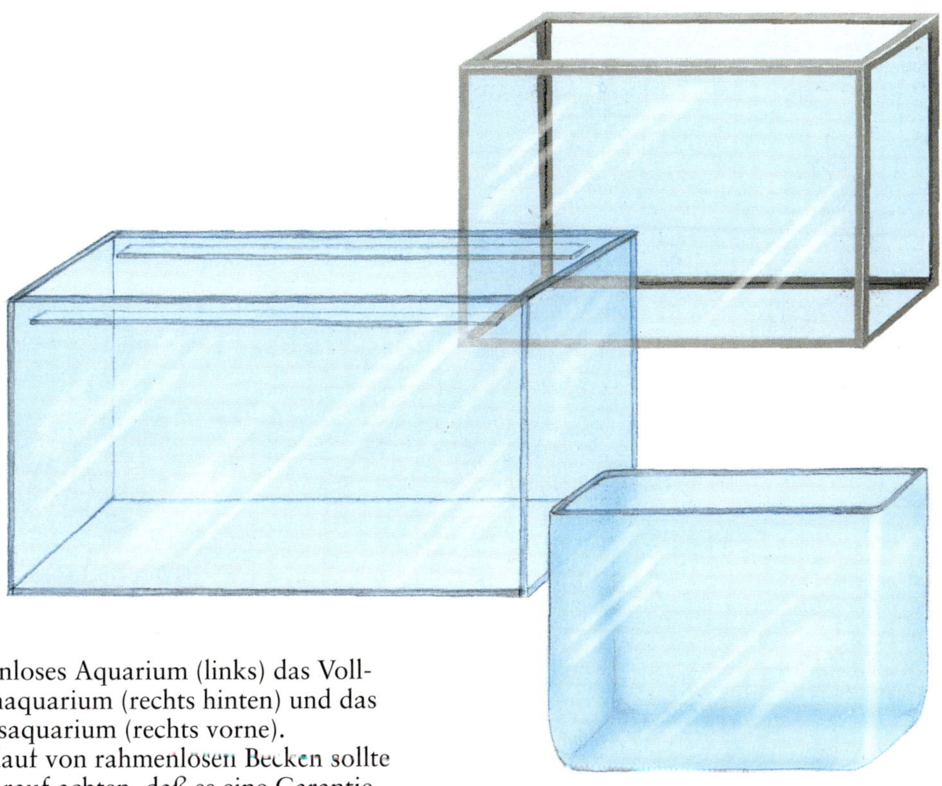

Rahmenloses Aquarium (links) das Vollrahmenaquarium (rechts hinten) und das Vollglasaquarium (rechts vorne).
Beim Kauf von rahmenlosen Becken sollte man darauf achten, daß es eine Garantie auf den Kleber gibt.

Die Grundausrüstung – für den Anfang

Zur Grundausstattung des angehenden Aquarianers gehören einige Dinge, die den täglichen Umgang mit den Fischen und ihre Pflege erleichtern. Unentbehrlich sind: ein sauberer Eimer, der ausschließlich für das Aquarium benutzt wird; ein Thermometer zum Messen der Wassertemperatur; ein Fangnetz (Kescher) und ein Scheibenreiniger zum Entfernen von Algenbewuchs. Grober Humus auf dem Boden des Beckens, sogenannter Mulm, wird mit einem Schlauch und einer aufgesteckten Mulmglocke beseitigt. Für den Wasserwechsel benötigt man zudem einen Gummischlauch (2 m lang, 15–20 mm Durchmesser). All diese Gegenstände, die zur Grundausstattung gehören, gibt es beim Fachhändler, der einen auch sinnvoll beraten kann.

Wohin stelle ich das Aquarium?

Das neue Aquarium gehört auf keinen Fall aufs Fensterbrett. Starke Sonneneinwirkung fördert nämlich den Algenwuchs und heizt das Wasser unnötig auf. Auch mögen nicht alle Fische direktes Sonnenlicht. Das Gewicht des vollen Beckens (1 Liter Wasser wiegt 1 Kilogramm), den Boden, Pflanzen und die Dekoration gar nicht mitgerechnet, sollte nicht unterschätzt werden. Deshalb bekommt das Aquarium einen stabilen Stellplatz in einer möglichst ruhigen Ecke des Zimmers. Da ohnehin eine künstliche Beleuchtung eingebaut wird, landen die Fische keinesfalls im dunklen Abseits. Ihnen ist ein Bereich, der nicht so starken „Durchgangsverkehr“ hat, sowieso lieber. Bei Becken von 60 Litern aufwärts sollte man sich beim Zoofachhändler über ein stabiles Untergestell mit passendem Unterrahmen beraten lassen. Untergestell und Stellfläche müssen unbedingt waagerecht und glatt sein, damit es keine bösen Überraschungen gibt. Eine Glasscheibe ist schnell zerbrochen. Bei der Aufstellhöhe des Aquariums ist zweierlei zu bedenken: alle Pflegearbeiten müssen ohne Schwierigkeiten durchführbar sein, und das Becken sollte für den davor sitzenden Betrachter in Augenhöhe stehen. Deshalb empfiehlt sich eine Aufstellhöhe von 70–80 cm über dem Fußboden. Und da ohne Strom auch im Aquarium nichts läuft, muß sich in der Nähe des Beckens eine Mehrfachsteckdose befinden.

Alles über Aquarienfische

Welche Fische eignen sich?

Nicht jeder Fisch eignet sich für das Aquarium. Manche werden sehr groß und benötigen dann ein wesentlich geräumigeres Becken, andere sind sehr anspruchsvoll was die Wasserqualität und Fütterung angeht; wieder andere benötigen eine ganz besondere Einrichtung, um sich wohl zu fühlen. Jede Fischart hat zudem einen bevorzugten Temperaturbereich, in dem sie sich am wohlsten fühlt. Die Unterscheidung zwischen Warm- und Kaltwasserfischen wurde bereits angesprochen. Hier noch einmal der Hinweis, daß manche Fische zwar keine Heizung, aber vor allem in Herbst und Frühjahr, einen ausreichend beheizten Raum brauchen.

Oben: Zwergfadenfische sind friedliche Fische, die sich leicht pflegen lassen.

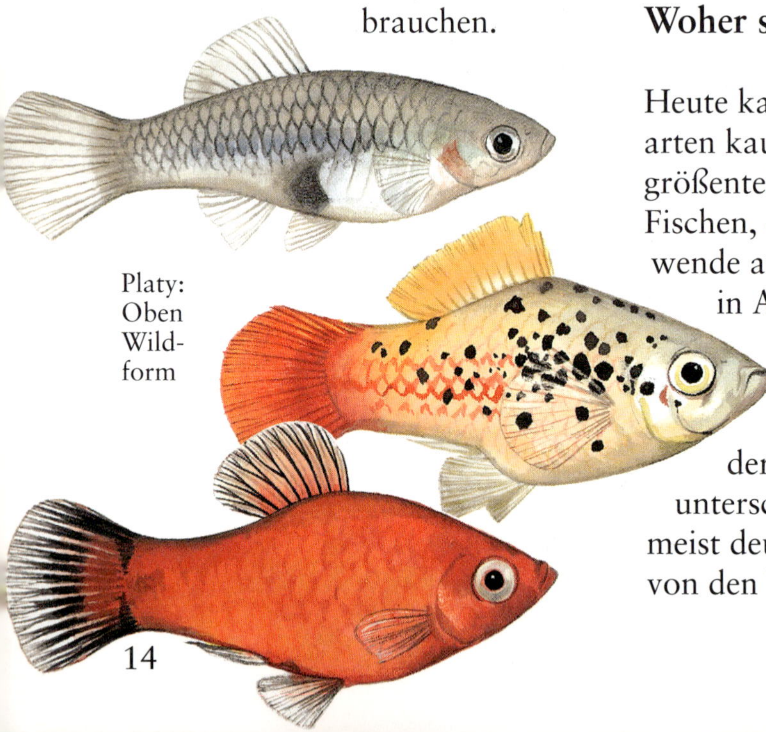

Platy: Oben Wildform

Woher stammen Zierfische

Heute kann man über 500 Fischarten kaufen. Zierfische sind größenteils Nachzuchten von Fischen, die um die Jahrhundertwende aus ihren Heimatgebieten in Asien, Amerika und Afrika nach Europa gebracht worden sind. Nach vielen Generationen der Nachzucht in Aquarien unterscheiden sich Zierfische meist deutlich in Form und Farbe von den Wildformen.

Der Körperbau der Fische?

Alle Fische haben eine Wirbelsäule und gehören deshalb zur Gruppe der Wirbeltiere. Man schätzt, daß es bis zu 30 000 verschiedene Arten gibt, von denen etwa 4000 „aquarientauglich“ sind. Fische haben keine Arme und Beine wie wir, sondern Flossen, mit deren Hilfe sie sich im Wasser fortbewegen. Da Fische unter Wasser leben und keinen Sauerstoff aus der Luft atmen können wie Landwirbeltiere, haben sie eine ganz besondere Atemtechnik entwickelt. Sie atmen nicht mit Lungen, sondern mit ganz speziellen Organen, den Kiemen. Diese befinden sich geschützt unter einem Kiemendeckel seitlich am Kopf. Die Kiemen sind von vielen feinen Äderchen durchzogen, die den im Wasser gelösten Sauerstoff aufnehmen. Ein anderes wichtiges Organ, daß nur Fische besitzen, ist die Schwimmblase. Mit ihrer Hilfe können Fische im Wasser schweben. Ohne Schwimmblase würden sie zu Boden sinken. Die Schwimmblase befindet sich im Körperinneren und sieht aus wie ein zusammengeschnürter Luftballon. Das Bild unten zeigt den Körperbau der Fische am Beispiel eines Skalars.

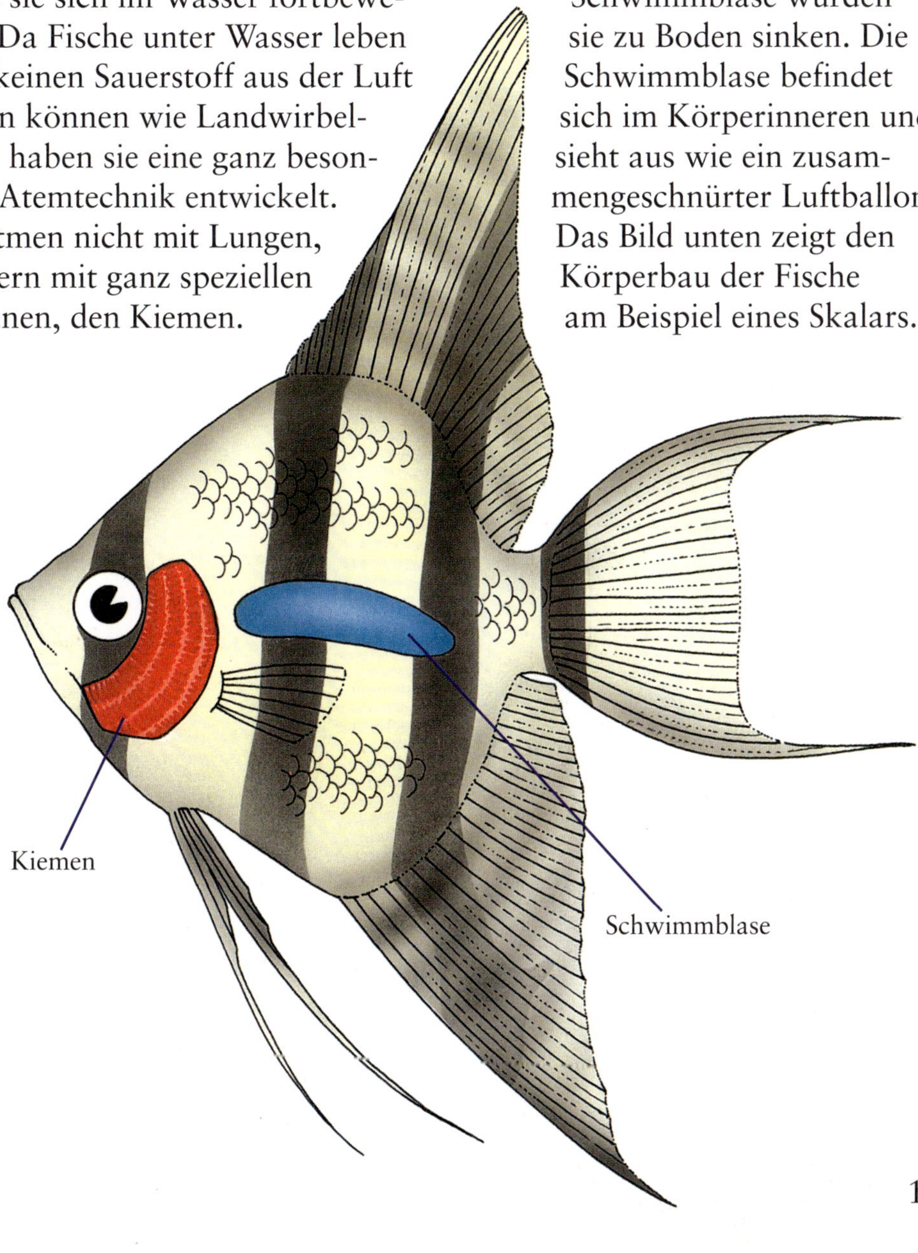

Welche Fische passen zusammen?

Im Fachgeschäft findet man Fische aus allen Erdteilen und aus ganz unterschiedlichen Gewässern. Die einen leben im trüben Wasser des Amazonas, andere stammen aus klaren Seen Afrikas oder Amerikas. Das heißt, daß diese Fische unterschiedliche Ansprüche an die Temperatur und Wasserqualität stellen. Wichtig ist, daß alle Fische, die man kaufen möchte, sich im gleichen Aquarium wohlfühlen. Am besten fragt man einen Zoohändler. Der kann auch sagen, welche Fische friedlich und welche eher aggressiv sind und anderen Aquarienbewohnern übel mitspielen.
Ideal für das Anfängeraquarium sind Schwarmfische. Doch sollten von solchen Arten mindestens zehn Stück ins Aquarium eingesetzt werden. Alleine würde sich ein Schwarmfisch nicht wohlfühlen und schnell zugrunde gehen.

Wieviele Fische passen ins Becken?

Bei dem großen Angebot im Zoogeschäft kommt man schnell in Versuchung, mehr Fische zu kaufen als man eigentlich unterbringen kann. Doch aufgepaßt! Manche Fische wachsen noch, andere beanspruchen ein Territorium, das sie gegen Eindringlinge verteidigen, oder wollen sich verstecken. Außerdem schadet es dem Wohlbefinden und der Gesundheit der Tiere, wenn cin Aquarium überbesetzt ist.

Die beliebtesten Aquarienfische

Steckbriefe beliebter Zierfische

Auf den folgenden Seiten finden sich beliebte Kalt- und Warmwasserfische, die sich für ein Aquarium eignen. Die „Steckbriefe“ enthalten den lateinischen Namen, die Herkunft, die Größe des ausgewachsenen Fisches, und die Wassertemperatur, bei der er sich am wohlsten fühlt.

Ganz wichtig ist, daß die Fische, die hier genannt werden, nicht unbedingt zusammen ins Aquarium gehören. Sie vertragen sich nämlich nicht alle miteinander. Vorschläge für die Erstbesetzung eines Beckens finden sich auf Seite 46.

Brokatbarbe
(Barbus semifasciolatus schuberti)
Familie: Barben/Bärblinge
Temperatur: 19–23 °C
Größe: 7–10 cm
pH-Wert: 6–7,5
Besonderes: Die Brokatbarbe ist „mittelwarm“, also auf eine angemessene Raumtemperatur achten. Brokatbarben sind reine Zuchtfische, es gibt sie nicht in der Natur.

Goldfisch
(Carassius auratus)
Familie: Karpfenfische
Temperatur: 10–20 °C
Größe: bis 30 cm
pH-Wert: > 7
Besonderes: Kaltwasserfisch. Häufiger Wasserwechsel, guter Filter nötig.

Guppy/Millionenfisch
(Poecilia reticulata)
Familie: Lebendgebärende Zahnkarpfen
Temperatur: 20–22 °C
Größe: bis 6 cm, pH-Wert: 7–8,5
Besonderes: Zuchtformen sind sehr wärmebedürftig. Seinen Zweitnamen hat er wegen seiner Vermehrungsfreude erhalten. Der ideale Fisch für den Anfänger.

Kardinalfisch
(Tanichthys albonubes)
Familie: Karpfenfische
Temperatur: 18–22 °C
Größe: 4 cm, pH-Wert: 6–8
Besonderes: Die Männchen sind ausgesprochen farbenprächtig.

Paradiesfisch/ Makropode
(Macropodus opercularis)
Familie: Labyrinthfische
Temperatur: 22–25 °C
Größe: 10–12 cm, pH-Wert: 6–8
Besonderes: Die Fische aus der Familie der Labyrinthfische atmen Sauerstoff aus der Luft durch ein besonderes Organ oberhalb der Kiemen, das der ganzen Familie den Namen gegeben hat – das Labyrinth. Makropoden waren die ersten Aquarienfische bei uns.

Prachtbarbe
(Barbus conchonius)
Familie: Barben/Bärblinge
Temperatur: 18–22 °C
Größe: 8–15 cm, pH-Wert: 6–8
Besonderes: Ein guter Filter ist notwendig, da die Barben bei der Nahrungssuche am Beckengrund viel Mulm aufwirbeln.

Schwertträger
(Xiphophorus helleri)
Familie: Lebendgebärende Zahnkarpfen
Temperatur: 19–27 °C
Größe: 10–15 cm, pH-Wert: 7–8,3
Besonderes: Gehören zu den beliebtesten Fischen für ein Gesellschaftsbecken.

Smaragdpanzerwels/Grüner Panzerwels
(Brochis splendens)
Familie: Welse
Temperatur: 18–26 °C
Größe: 8 cm, pH-Wert: 5,8–7,5
Besonderes: Lebt als Schwarmfisch in der Nähe des Beckenbodens. Dort frißt er auf den Boden gesunkenes Futter.

Zebrabärbling/Zebrafisch
(Brachydanio rerio)
Familie: Barben/Bärblinge
Temperatur: 18–24 °C
Größe: 4–5 cm, pH-Wert: 6–8
Besonderes: Leicht züchtbar. Der ideale Anfängerfisch, der sich im Schwarm am wohlsten fühlt.

Bitterlingsbarbe
(Barbus titteya)
Familie: Barben/Bärblinge
Temperatur: 23–26 °C
Größe: 4–5 cm, pH-Wert: 6–7,5
Besonderes: Die Männchen sind untereinander recht streitlustig.

Black Molly
(Poecilia sphenops)
Familie: Lebendgebärende Zahnkarpfen
Temperatur: 23–29 °C
Größe: 8–12 cm
pH-Wert: 7,5–8,5
Besonderes: Black Mollies lassen sich gut als Algenfresser einsetzen.

Kaisersalmler/ Kaisertetra
(Nematobrycon palmeri)
Familie: Salmler
Temperatur: 24–26 °C
Größe: 5–6 cm
pH-Wert: 5–7
Besonderes: Ein friedlicher Schwarmfisch, der sehr gut in das Gesellschaftsbecken eines Anfängers paßt.

Blauer Antennenwels
(Ancistrus dolichopterus)
Familie: Welse
Temperatur: 23–28 °C
Größe: 13–15 cm, pH-Wert: 6–8
Besonderes: Ihren Namen haben sie von den Zacken am Kopf, die bei den Männchen besonders stark ausgebildet sind. Vorsicht: Der Blaue Antennenwels hat viel Appetit auf die Algen im Becken.

Keilfleckbarbe (-bärbling)
(Rasbora heteromorpha)
Familie: Karpfenähnliche Fische
Temperatur: 22–28 °C
Größe: 4–4,5 cm, pH-Wert: 6–6,5
Besonderes: Männchen und Weibchen unterscheiden sich durch die Form des Keiles, der diesem Fisch den Namen gab.

Leopardpanzerwels
(Corydoras trilineatus)
Familie: Welse
Temperatur: 23–26 °C
Größe: 6 cm, pH-Wert: 6–7,5
Besonderes: Dieser attraktive Fisch benötigt wärmeres Wasser als die anderen Panzerwelsarten.

Saugwels
(Otocinclus affinis)
Familie: Welse
Temperatur: 18–26 °C
Größe: 4–6 cm
pH-Wert: 6–7,5
Besonderes: Der Kleine Saugwels ist ein Nachtschwärmer und lebt tagsüber versteckt.

Marmorierter Panzerwels
(Corydoras paleatus)
Familie: Welse
Temperatur: 18–24 °C
Größe: 7 cm
pH-Wert: 6,5–8
Besonderes: Besonders leicht zu züchten. War einer der ersten Zierfische in Europa.

Rotkopfsalmler
(Petitella georgiae)
Familie: Salmler
Temperatur: 23–28 °C
Größe: 4–5 cm
pH-Wert: 5,5–7
Besonderes: Nicht zu verwechseln mit dem sehr ähnlich aussehenden Rotkopfsalmler!

Schmetterlingsbuntbarsch
(Papiliochromis ramirezi)
Familie: Buntbarsche
Temperatur: 22–28 °C
Größe: 5–6 cm
pH-Wert: 6–5,6
Besonderes: Mag dicht gesetzte Wasserpflanzen, in denen er sich verstecken kann.

Siamesische Rüsselbarbe
(Crossocheilus siamensis)
Familie: Karpfenähnliche
Temperatur: 23–28 °C
Größe: 12–15 cm
pH-Wert: 6–7,5
Besonderes: Ist ein guter Algenfresser.

Sumatrabarbe
(Barbus tetrazona)
Familie: Barben/Bärblinge
Temperatur: 20–26 °C
Größe: 5–7 cm
pH-Wert: 6–7,5
Besonderes: Lebhafter, kräftig gefärbter Schwarmfisch.

Trauermantelsalmler
(Gymnocorymbus ternetzi)
Familie: Salmler
Temperatur: 20–28 °C
Größe: 5–6 cm
pH-Wert: 6–7,5
Besonderes: Schwarmfisch mit ausgesprochen schönem Körperbau.

Zwergfadenfisch
(Colisa lalia)
Familie: Labyrinthfische
Temperatur: 24–29 °C
Größe: 6 cm, pH-Wert: 6–7,5
Besonderes: Friedlicher Fadenfisch, der vor allem im oberen und mittleren Bereich des Beckens lebt.
Zur Eiablage baut das Männchen Schaumnester an der Wasseroberfläche.

Zitronensalmler
(Hyphessobrycon pulchripinnis)
Familie: Salmler
Temperatur: 23–28 °C
Größe: 4,5–5 cm
pH-Wert: 5,5–8
Besonderes: Braucht zur guten Entfaltung seiner Farben weiches Wasser.

Mosaikfadenfisch
(Trichogaster leeri)
Familie: Labyrinthfische
Temperatur: 23–28 °C
Größe: 12–15 cm
pH-Wert: 5,5–7,5
Besonderes: Eine der schönsten Arten aus der Familie der Labyrinthfische, die in vielen Farben schillert.

Panda–Panzerwels
(Corydoras panda)
Familie: Welse
Temperatur: 20–25 °C
Größe: 4–5 cm, pH-Wert: 6,5–7,5
Besonderes: Bekam seinen Namen, weil die Musterung seiner Gesichtspartie ein wenig an die des Pandabären erinnert.

Neonfisch/Neonsalmler
(Paracheirodon innesi)
Familie: Salmler
Temperatur: 20–26 °C
Größe: 4 cm, pH-Wert: 5–7
Besonderes: Die weltweit wohl beliebteste Fischart.

Platy
(Xiphophorus maculatus)
Familie: Lebendgebärende Zahnkarpfen
Temperatur: 20–26 °C
Größe: 3,5–6 cm, pH-Wert: 7–8,2
Besonderes: Weibchen werden fast doppelt so groß wie die Männchen.

Purpurkopfbarbe
(Barbus nigrofasciatus)
Familie: Barben/Bärblinge
Temperatur: 21–26 °C
Größe: 6,5–7 cm
pH-Wert: 5,5–6,5
Besonderes: Dieser Schwarmfisch mag dicht mit Schwimmpflanzen bepflanzte Bereiche des Beckens.

Purpurprachtbarsch
(Pelvicachromis pulcher)
Familie: Buntbarsche
Temperatur: 23–26 °C
Größe: 8–10 cm
pH-Wert: 6–7
Besonderes: Mag Steinhöhlen als Versteck. Wühlen gerne, besonders zur Eiablage, und reißen dabei Pflanzen aus.

Roter Neon
(Paracheirodon axelrodi)
Familie: Salmler
Temperatur: 23–28 °C
Größe: 4–5 cm
pH-Wert: 5–7
Besonderes: Gehören zu den beliebtesten und schönsten Zierfischarten. Ein Schwarmfisch, der ab 10 Tieren am schönsten zur Geltung kommt.

Roter von Rio/Roter Tetra
(Hyphessobrycon flammeus)
Familie: Salmler
Temperatur: 22–27 °C
Größe: 4 cm, pH-Wert: 5,8–7,8
Besonderes: Hat seinen Namen nach seiner Herkunftsregion Ostbrasilien mit dem Gebiet um Rio de Janeiro.

Fünfgürtelbarbe
(Barbus pentazona)
Familie: Barben
Temperatur: 22–27 °C
Größe: 5 cm
Besonderes: Ruhige Fische, die nur mit anderen ruhigen Fischen zu vergesellschaften sind.

Glühlichtsalmler
(Hemigrammus erythrozonus)
Familie: Salmler
Temperatur: 22–26 °C
Größe: 4 cm
Besonderes: Benötigen gedämpftes Licht.

Stromlinien-Panzerwels
(Corydoras arcuatus)
Familie: Welse
Temperatur: 20–24 °C
Größe: 5 cm
Besonderes: Hält sich am Boden des Beckens auf.

Gemeiner Hechtling
(Aplocheilus panchax)
Familie: Eierlegende Zahnkarpfen
Temperatur: 20–25 °C
Größe: 7–8 cm
Besonderes: Hält sich gerne in der Nähe der Wasseroberfläche auf.

Blauer Fadenfisch
(Trichogaster trichopterus sumatranus)
Familie: Ährenfische
Temperatur: 22–28 °C
Größe: bis 12 cm
Besonderes: Läßt sich leicht züchten.

**Perlmuttbarbe/Eiland-
prachtbarbe**
(Barbus oligolepis)
Familie: Barben
Temperatur: 20–24 °C
Größe: bis 5 cm
Besonderes: Männchen drohen sich untereinander, kämpfen aber nicht ernsthaft.

Zwergkärpfling
(Heterandria formosa)
Familie: Lebendgebärende Zahnkarpfen
Temperatur: 21–26 °C
Größe 2–4,5 cm
Besonderes: Gehört zu den kleinsten Aquarienfischen.

Schachbrettschmerle
(Botia sidthimunki)
Familie: Schmerlen
Temperatur: 25–29 °C
Größe: 7–9 cm
Besonderes: Sollten nur im Schwarm gehalten werden.

Schillerbärbling
(Brachydanio albolineatus)
Familie: Barben
Temperatur: 21–26 °C
Größe: 6 cm
Besonderes: Becken sollte abgedeckt werden, da der Schillerbärbling ein Springer ist.

Indischer Glaswels
(Kryptopterus bicirrhis)
Familie: Welse
Temperatur: 22–27 °C
Größe: 10 cm
Besonderes: Läßt sich im Aquarium praktisch nicht züchten.

Das Einrichten des Aquariums

Wie ein Aquarium so vorbereitet wird, daß die ersten Fische eingesetzt werden können, wird hier Schritt für Schritt beschrieben. Damit man auch nichts vergißt, gibt es abschließend eine Checkliste für den Kauf der Pflanzen und Fische und einen Vorschlag für eine sinnvolle Grundausstattung mit den ungefähren Preisen. Alle Vorschläge beziehen sich auf ein Aquarium mit einer Füllmenge von 54 Litern (Länge 60 cm, Höhe 30 cm und Tiefe 30 cm).

Erste Schritte zur Einrichtung

Steht der Standort fest (nicht zu hell, stabiler Unterbau, Steckdosen in der Nähe!), wird das Becken aufgestellt und mit einer Wasserwaage überprüft, ob es auch wirklich waagerecht steht. Steht das Becken direkt auf der Unterlage, sollte eine Styropormatte in der Größe des Beckenbodens unterlegt sein.
Der erste Schritt zur Einrichtung ist das Einbringen des Bodengrunds. Hier verwendet man am besten gewaschenen Sand oder Kies. Auch wenn es nicht ganz billig ist, sollte man den Kies im Geschäft kaufen. Gekaufter Kies muß auch noch einmal gründlich gewaschen werden. Der Bodengrund wird in einer Höhe von mindestens 5–10 cm in das Becken gefüllt. Ganz unten am Boden befindet sich dabei der gröbere Kies, dem ein Langzeitdünger für die Pflanzen beigemengt werden kann. Auf diesen Kies kann man nun feineren Kies, Sand oder feine Lavasteine schichten, je nachdem, wie es einem gefällt. Zu heller Boden reflektiert aber viel Licht, und manche Fische fühlen sich nicht mehr wohl. Ist der Boden einmal eingefüllt, wird es erst recht spannend. Nun kann man mit Steinen, Wurzeln und Pflanzen eine Unterwasserlandschaft bauen. Als größere Steine eignen sich Granit oder Schiefer. Kalkhaltige Steine verändern die Wasserhärte. Große Steine müssen so tief im Boden stecken, daß kein Fisch unter ihnen wühlen und sie umstürzen kann. Damit sich die Fische nicht verletzen, dürfen die Steine auch keine scharfen Kanten haben.
Sehr schön sehen Holz- oder Wurzelstücke im Aquarium aus. Hierfür eignet sich am besten das sogenannte Moorkienholz. Da es meistens noch Luft enthält, sollte es mehrere Tage in Wasser gelegt oder in Salzwasser ausgekocht werden. So entweicht die Luft und das Holz treibt nicht mehr zur Wasseroberfläche.

Die Rückwand

Wenn das Aquarium vor einer Wand steht, sollte die Hinterseite im einfachsten Fall mit einer zugeschnittenen schwarzen Pappe von außen abgedeckt werden. So wirkt das Aquarium abgeschlossener, und auch die Fische fühlen sich wohler. Im Zoogeschäft gibt es auch bedruckte Rückwände zu kaufen. Der Zoohändler kann hier sicher beraten!
Um bei Warmwasseraquarien einen unnötigen Wärmeverlust zu vermeiden, kann man die Scheiben des Beckens, die nicht eingesehen werden, mit Styropor– oder Polystyrolplatten versehen. Wenn diese Platten in einem angenehm dunklen Farbton gehalten sind, dienen sie gleichzeitig auch als Abdeckung.

Mit Hilfe großer Steine läßt sich der Boden terrassenförmig aufbauen.

Im Zoofachhandel gibt es fertig bedruckte Rückwände zu kaufen. Eine einfache schwarze Pappe (unten) erfüllt aber genauso ihren Zweck.

Die richtige Beleuchtung

Für alle Pflanzen und die meisten Tiere ist Licht lebenswichtig. Pflanzen können aus Wasser und Kohlendioxid mit Hilfe von Licht Nahrung in Form von Zucker aufbauen (siehe dazu den Abschnitt zur Photosynthese).

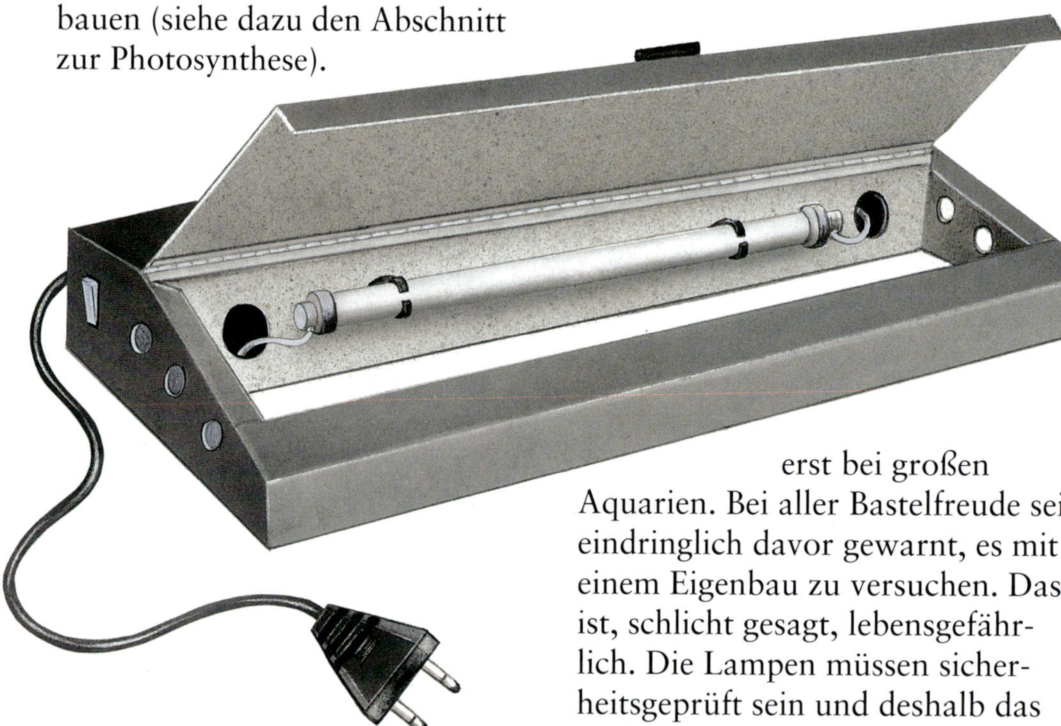

Für den Anfang langt eine Abdeckung mit einer Leuchtstoffröhre; Quecksilberhochdrucklampen (HQL-Lampen), die frei über das Becken gehängt werden und so einen besseren Blick und Zugriff erlauben, lohnen sich erst bei großen Aquarien. Bei aller Bastelfreude sei eindringlich davor gewarnt, es mit einem Eigenbau zu versuchen. Das ist, schlicht gesagt, lebensgefährlich. Die Lampen müssen sicherheitsgeprüft sein und deshalb das sogenannte VDE-Siegel besitzen. Für unser Becken (Länge 60 cm, Tiefe 30 cm und Höhe 30 cm) reicht eine Leuchtstoffröhre in der Länge des Beckens. Die tägliche Beleuchtungsdauer läßt sich mit einer Zeitschaltuhr festlegen. Sie richtet sich nach den Fischen, die man ins Aquarium einsetzt. Als Richtwert kann man von einer Dauer von 8–12 Stunden Licht am Tag ausgehen. Zu starke Beleuchtung fördert unerwünschten Algenwuchs.

Warum gehören Pflanzen ins Aquarium?

Pflanzen haben im Aquarium vielfältige Aufgaben: Sie produzieren den lebenswichtigen Sauerstoff (siehe Abschnitt Photosynthese), verarbeiten schädliche Stoffe, die aus den Ausscheidungen der Fische entstehen, stoppen den Wuchs der lästigen Algen und dienen den Fischen als Versteck. Bei Wasserpflanzen unterscheidet man zwischen schwimmenden und solchen, die im Boden wurzeln. Bei den wurzelnden Pflanzen gibt es dann noch den Unterschied zwischen Stengelpflanzen (mit Stiel) und grundständigen Pflanzen (ohne Stiel). Ein Bepflanzungsvorschlag findet sich auf Seite 46.

Die Argentinische Wasserpest (links) ist leicht zu pflegen, genauso wie das Zwergpfeilkraut (Mitte). Der Javafarn (rechts eignet sich gut zum Bepflanzen von Steinen.

Photosynthese

Die Sauerstoffproduktion der Pflanzen durch die Photosynthese ist einer der wichtigsten Vorgänge in der Natur. Das komplizierte Wort stammt aus dem Griechischen und bedeutet so viel wie „Zusammen-

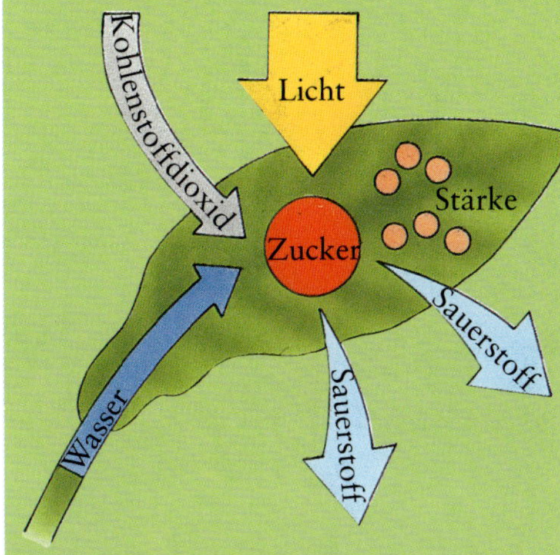

setzen unter Mithilfe des Lichts". Pflanzen benutzen nämlich die Energie aus den Deckenleuchten des Beckens, um aus dem Wasser und dem im Wasser gelösten Kohlendioxid für sich Nahrung herzustellen, nämlich Zucker und Stärke, wie sie z. B. auch in Kartoffeln vorhanden ist. Bei diesem Vorgang geben die Pflanzen einen Stoff ab, der für die Fische im Wasser lebenswichtig ist, nämlich den Sauerstoff. Aquarienpflanzen sind also nicht nur Dekorationsmaterial, sondern ein wichtiger Sauerstoffproduzent für alle Lebewesen im Aquarium.

Beliebte Pflanzen

Bei den vorgestellten Pflanzen sind immer der lateinische Name, die Wuchshöhe und der Beckenbereich angegeben, in den man sie am besten pflanzt. Alle Pflanzen eignen sich fürs Anfängerbecken; bei der Kombination sollte man den Zoofachhändler fragen, da es Unverträglichkeiten geben kann. Beste Voraussetzungen haben Pflanzen bei einem pH-Wert von 6,8 bis 7,4 und einer Wasserhärte von 5 bis 15 °dH.

Argentinische Wasserpest
(Egeria densa)
Wuchshöhe: 20–30 cm
Bereich: Vorne, Mitte, hinten
Besonderes: Wächst schnell, deshalb für Erstbepflanzung sehr beliebt.

Becketts Wasserkelch
(Cryptocoryne beckettii)
Wuchshöhe: 10–20 cm
Bereich: Vorne
Besonderes: Wächst auch bei geringer Beleuchtung.

Breitblättriges Pfeilkraut
(Sagittaria graminea var. platyphylla)
Wuchshöhe: 30–40 cm
Bereich: Vorne, Mitte, hinten
Besonderes: Braucht viel Licht.

Sumpfschraube
(Vallisneria spiralis)
Wuchshöhe: 40–60 cm
Bereich: Hinten
Besonderes: Nicht zu tief in den Bodengrund einsetzen.

Haertels Wasserkelch
(Cryptocoryne affinis)
Wuchshöhe: 10–20 cm
Bereich: Mitte, hinten
Besonderes: Nicht sehr anspruchsvoll, braucht wenig Licht, wächst langsam.

Indischer Wasserfreund
(Hygrophila polysperma)
Wuchshöhe: 50 cm
Bereich: Mitte, hinten
Besonderes: Wächst sehr schnell, beliebte Anfängerpflanze.

Madagaskar-Wasserpest
(Lagarosiphon madagascariensis)
Wuchshöhe: Verschieden
Bereich: Hinten
Besonderes: Braucht viel Licht.

Javafarn
(Microsorium pteropus)
Wuchshöhe: 20–25 cm
Bereich: Mitte
Besonderes: Auf alten Blättern können schwarze Flecken vorkommen.

Wendts Wasserkelch
(Cryptocoryne wendtii)
Wuchshöhe: 10–20 cm
Bereich: Mitte, hinten
Besonderes: Ohne große Ansprüche, braucht wenig Licht.

Zwergpfeilkraut
(Sagittaria subulata forma pusilla)
Wuchshöhe: 5–10 cm
Bereich: Vorne
Besonderes: Pflegeleichte Pflanze, die einen Rasen bildet.

Zwergspeerblatt
(Anubias barteri var. *nana)*
Wuchshöhe: 10–15 cm
Bereich: Vorne
Besonderes: Nicht einpflanzen, sondern als Aufsitzerpflanze an Stein binden.

Mexikanisches Eichenblatt
(Shinnersla rivularis)
Wuchshöhe: 60 cm
Bereich: Hinten
Besonderes: Wächst schnell braucht viel Licht.

Sumatrafarn
(Ceratopteris thalictroides)
Wuchshöhe: 45–60 cm
Bereich: Mitte und hinten
Besonderes: Der Wurzelhals sollte über dem Bodengrund bleiben. Kann auch als Schwimmpflanze eingesetzt werden. Lichtbedürftig.

Pechts Wasserkelch
(Cryptocoryne beckettii var. *petchii)*
Wuchshöhe: 10–15 cm
Bereich: Mitte und hinten Besonderes: Schön gewellter Blattrand.

Tausendblatt
(Myriophyllum)
Wuchshöhe: 20–30 cm
Bereich: Mitte
Besonderes:
Braucht viel Licht.

Thailand-Hakenlilie
(Crinum thaianum)
Wuchshöhe: bis 200 cm
Bereich: Hinten
Besonderes: Blätter können zurückgeschnitten werden.

Welliger Wasserkelch
(Cryptocoryne undulata)
Wuchshöhe: 10–25 cm
Bereich: Mitte und hinten
Besonderes: Blätter haben rote, grüne und braune Flecken.

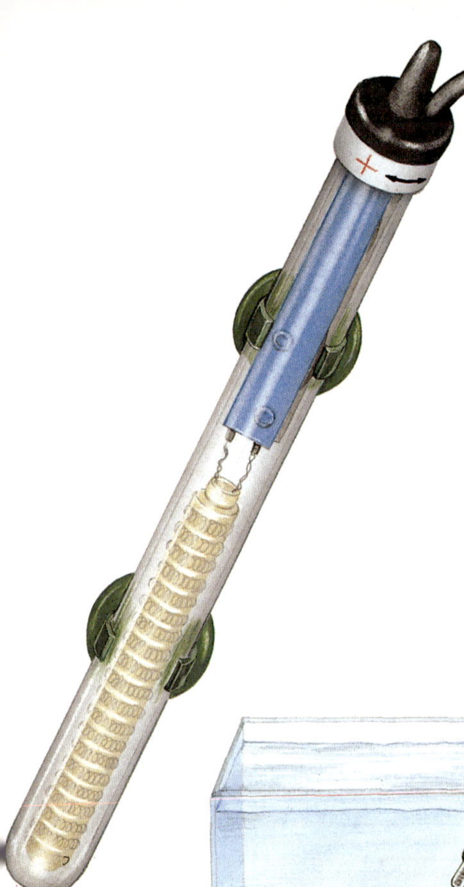

Wann ist eine Heizung nötig?

Eine Heizung muß einbauen, wer Warmwasserfische halten will, also Fische, die sich erst ab einer Wassertemperatur von über 20 °C wohl fühlen. Bei der Aquariumsheizung gibt es zwei Typen: die Bodenheizung und die Stabheizung. Sinnvoll ist es, gleichzeitig mit der Heizung ein Thermometer zu kaufen, oft werden Heizung und Thermometer auch gemeinsam angeboten.

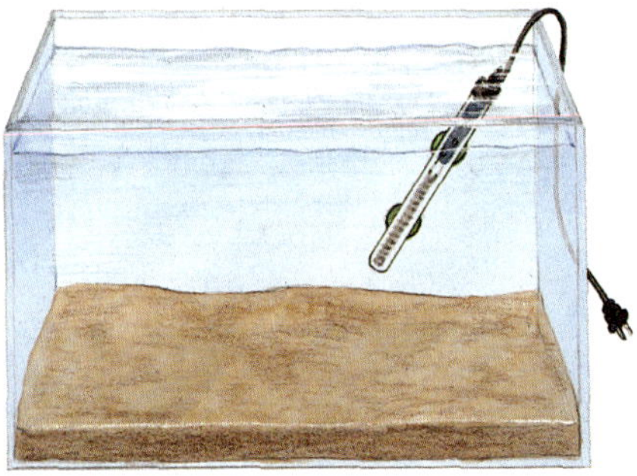

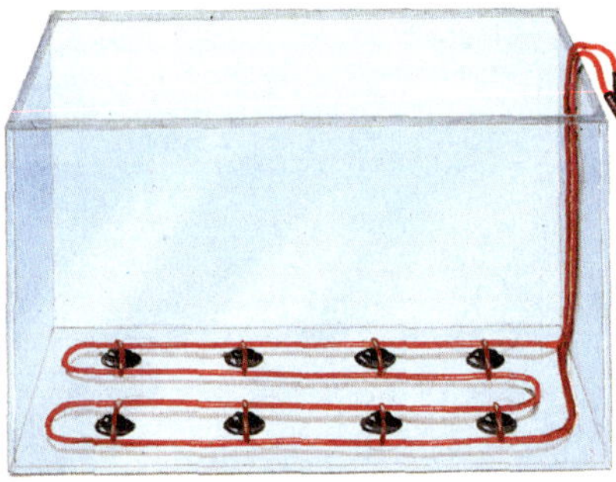

Wie wird eine Heizung eingebaut?

Eine Stabheizung wird nach Gebrauchsanweisung am Beckenrand befestigt. Pflanzen oder Dekorationsmaterialien sollten aber nicht in ihrer Nähe sein. Wichtig ist auch, daß sie immer bis zur Gummikappe unter Wasser steht, da sie sich ansonsten zu sehr aufheizt und das Glas springt. Die Bodenheizung muß auf dem Beckenboden installiert werden, und zwar bevor der Bodengrund eingebracht wird. Im Fachhandel gibt es isolierte Heizkabel und zu ihrer Befestigung sogenannte Kabelanker, die sich am Beckengrund festsaugen und das Kabel festklemmen. Eine Bodenheizung ist zwar teurer als eine Stabheizung, sie hat aber große Vorteile. So bekommen die Pflanzen durch die Wärme vom Boden keine „kalten Füße“, außerdem sorgt die Bodenheizung für eine langsame, aber stetige Durchlüftung des Bodens, der dadurch mit Sauerstoff und Mineralien versorgt wird und deshalb nicht fault.

Wozu dient ein Filter?

Ein Filter beseitigt Verunreinigungen des Wassers, die durch Nahrungsreste, abgestorbene Pflanzen oder die Ausscheidungen der Fische entstehen. Außerdem sorgt ein Filter für eine regelmäßige Strömung im Becken und verhindert damit zu große Temperaturunterschiede, die Fische nicht vertragen. Je nachdem wo man sie montiert, unterscheidet man zwischen Innen– und Außenfiltern. Für ein Anfängeraquarium reicht ein Innenfilter, der mit einem Elektromotor und einer Schaumstoffpatrone ausgestattet ist. Das Wasser wird vom Umwälzmotor durch den Filter geleitet und läßt dort in der Schaumstoffpatrone alle Schmutzbestandteile zurück. Im Filter sammeln sich aber nicht nur Schmutz, sondern auch winzig kleine, für das menschliche Auge nicht sichtbare Lebewesen, die Bakterien. Sie vertilgen bestimmte im Wasser gelöste Stoffe, wie zum Beispiel Ammonium und Nitrit, die in höherer Konzentration für die Fische schädlich sind. Aus diesem Grund sollte man mit dem Filterpatronenwechseln sparsam umgehen und die Bakterien in Ruhe wirken lassen. Wichtig ist auch, daß ein Filter keinen zu starken Wasserstrom verursachen darf, da die meisten Aquarienpflanzen nur in Stillwasserbereichen wachsen.

Wie wird der Filter eingebaut?

Der Filter sollte nur streng nach Gebrauchsanweisung montiert werden, am besten in eine Ecke des Aquariums, wo er den Betrachter am wenigsten stört. Hier noch ein Sicherheitshinweis: alle Elektrogeräte des Aquariums müssen an einen sogenannten FI–Schalter angeschlossen werden, der automatisch den Strom abstellt, wenn sie mit Wasser in Berührung kommen.

Grundausstattung/Kosten

- Rahmenloses, geklebtes Becken (Maße: 60 cm Länge, 30 cm Tiefe, 30 cm Höhe / Wasservolumen: 54 Liter) (ca. 46,– DM).
- Abdeckung mit Lampe (ca. 100,– DM).
- Schaumstoff- oder Patronenfilter (mit Elektromotor) (ca. 40,– DM).
- Thermometer (ca. 5,– DM).
- Absaugschlauch mit Mulmglocke (14,– DM).
- Stabiles Untergestell bei Becken über 60 l Wasservolumen (Unterstellschrank ab ca. 100,– DM).
- Zeitschaltuhr (ca. 20,– DM).
- Fangnetz (ca. 5,– DM).
- Scheibenreiniger (ca. 9,– DM).
- Gummischlauch (Länge: 2 m Durchmesser, 15–20 mm) (ca. 3,50 DM/m).
- Gewaschener, feiner Quarzkies (ca. 19,– DM).
- Ein Stück (Moorkien)holz (ca. 15,– DM/kg).
- Zwei große Steine (nicht kalkhaltig) (ca. 3–10 DM/kg).
- Flüssiges Mittel zur Wasseraufbereitung (ca. 7,– DM).
- Pflanzendünger (für den Boden: ca. 16,– DM / für den Wasserwechsel: 7,50 DM).
- Fischfutter (ab 5,– DM).
- Heizung (Stabheizung: ca. 40,– DM).
- Pflanzen (50,– bis 100,- DM).
- Fische (30,– bis 100,– DM).

Der Pflanzenkauf

Auch die Pflanzen fürs Aquarium müssen zur Wassertemperatur passen und dürfen keine Unverträglichkeiten miteinander haben. Im Becken sollten sie weder zu weit noch zu eng gesetzt werden, damit sie genügend Raum zum ungehinderten Wachstum und zur Entfaltung haben. Die Abbildung zeigt einen Pflanzvorschlag für das 54 Liter-Becken. Man kann das Becken aber auch ganz anders bepflanzen. Wer sich über Menge, Anordnung und Art der Pflanzen im klaren ist, erstellt am besten eine Liste der gewünschten Pflanzen und fragt beim Zoofachhändler nach. Erst wenn der zustimmt, sollte gekauft werden.

Pflanzen sind nicht gerade billig. Man sollte daher möglichst behutsam mit ihnen umgehen und darauf achten, daß sie beim Transport oder beim Einsetzen nicht beschädigt werden. Auch ist es wichtig, sich zu vergewissern, daß es sich um gesunde, kräftige Pflanzen handelt. Leider werden oft minderwertige Aquarienpflanzen angeboten. Lieber kleine, gesunde Pflanzen kaufen als große, die sich unter Umständen nicht mehr so gut an eine Umstellung gewöhnen können. Bisweilen werden Pflanzen im Fachgeschäft in einer Nährlösung aufbewahrt, die man vor dem Einsetzen ins Becken gut abspülen muß. Bleibänder oder Schaumstoffmanschetten werden ebenfalls entfernt und die Wurzeln gründlich überprüft. Ein leidiges Kapitel sind durch Pflanzen eingeschleppte Schnecken. Hier hilft nur eine gründliche Untersuchung der Blätter und Stiele, ob sich darauf der fast unsichtbare Schneckenlaich befindet.

Das Einsetzen der Pflanzen

Alle Pflanzen kommen als erstes, nach Arten aufgeteilt, in eine Wasserschüssel. Sie müssen auf abgestorbene und verfaulte Teile untersucht und von ihnen befreit werden. Auch sollte keine Nährstofflösung, in der die Pflanzen manchmal im Geschäft aufbewahrt werden, ins Becken gelangen. Bei Pflanzen mit sehr langen Wurzeln schneidet man die Wurzeln auf etwa 3 cm zurück. Zum Einsetzen wird dann mit einem Finger ein kleines Loch in den Bodengrund gedrückt und die Pflanze vorsichtig hineingesetzt, ohne ihre Wurzeln umzubiegen. Man läßt den Wurzelhals frei und drückt dann den Boden um die Pflanze vorsichtig fest. Nun wird das Wasser eingefüllt. Damit nicht zuviel Schmutz aufgewirbelt wird, läßt man es vorsichtig aus Schlauch oder Gießkanne über die Hand laufen oder deckt den Boden mit einem Stück Plastikfolie ab. Nicht alle Pflanzen, und schon gar nicht die Fische, vertragen frisches Leitungswasser. Für diesen Fall das volle Aquarium einige Tage stehen lassen, und die Pflanzen vorsichtig unter Wasser einsetzen.

Nicht in den Boden gehören die sogenannten Aufsitzerpflanzen wie das Javamoos. Dieses bindet man mit Nylonfäden am Moorkienholz oder an großen Steinen fest. Die Schwimmpflanzen, die an der Wasseroberfläche leben, kommen auch erst nach dem Einlassen des Wassers ins Becken. Hat man sich einmal für einen bestimmten Standort einer Pflanze entschieden, sollte man es auch dabei belassen, denn die meisten Pflanzen lieben einen Ortswechsel gar nicht. Beim Anordnen ist immer daran zu denken, daß die einzelnen Pflanzen teilweise noch erheblich wachsen werden.

Checkliste Kauf/Einsetzen der Pflanzen

1. Schritt

Liste mit Bepflanzung des Beckens erstellen.
(Wassertemperatur und Beckengröße beachten, Tips gibt es vom Zoofachhändler.)

2. Schritt

Pflanzenkauf

3. Schritt

Pflanzen, nach Arten aufgeteilt, zu Hause in Wasserschüsseln geben.

4. Schritt

Pflanzen gründlich reinigen (Abgestorbene Teile, Nährstofflösung entfernen) und nach Schnecken oder Schneckeneiern absuchen.

5. Schritt

Bei Pflanzen mit langen Wurzeln: zurückschneiden der Wurzeln auf 3 cm Länge.

6. Schritt

Ein kleines Loch (mit Finger oder Holzstäbchen) in den Bodengrund drücken, Pflanze einsetzen (Wurzeln nicht umbiegen).

7. Schritt

Aufsitzerpflanzen wie beispielsweise Javamoos behutsam mit durchsichtigen Nylonfäden an Holz oder Steinen festbinden.

8. Schritt

Nach dem Einsetzen der Pflanzen den Boden an der Stelle, wo das Wasser eingelassen wird mit einer Folie (z. B. Plastiktüte) bedecken.

9. Schritt

Vorsichtig vortemperiertes Wasser aus Schlauch oder Gießkanne (über die Hand) laufend einlassen. Man kann, wenn der Wasserspiegel hoch genug ist, das Wasser über eine kleine Schüssel einlaufen lassen.

10. Schritt

Die Folie nun wieder aus dem Becken herausnehmen. Heizung und Filter in Betrieb nehmen.

11. Schritt

Ganz zum Schluß vorsichtig die Schwimmpflanzen an der Wasseroberfläche einsetzen.

Jetzt kaufe ich Fische!

Bevor man nun die Fische kauft, sollte man sich vorher genau überlegen, welche Arten man in einem Aquarium halten möchte. Es ist notwendig, sich genau zu erkundigen, wie groß die Fische werden, welche Wassertemperatur sie benötigen, was sie fressen und ob es ein Schwarmfisch ist oder nicht. Das beste ist, man erstellt eine Wunschliste und fragt erst einmal im Fachgeschäft. Am einfachsten ist es natürlich, wenn man Fische von einem Freund geschenkt bekommt, dessen eigene Fische Junge bekommen haben. So weiß man genau, woher die Fische kommen, und gute Tips gibt es noch dazu.

Das Einsetzen der Fische

Nachdem das neu eingerichtete Aquarium mit den Pflanzen einige Tage geruht hat, kann man die Fische einsetzen. Diese werden in einem Plastikbeutel transportiert, der halb mit Wasser gefüllt ist. Zu Hause werden die Beutel mit den Neuankömmlingen dann geschlossen für 15 bis 30 Minuten ins Becken gehängt. So kann das Wasser im Beutel die Temperatur des Beckens annehmen, und die Fische erleiden keinen Schock. In dieser Zeit werden ein (unbenutzter) Eimer oder eine große Schüssel, ein Becher und ein Fangnetz bereitgestellt. Nach der Eingewöhnungsphase öffnet man den Beutel und kippt das Transportwasser mit den Fischen vorsichtig in den bereitgestellten Eimer. Dann gibt man mit dem Becher eine halbe Stunde lang alle fünf Minuten Wasser aus dem Aquarium in den Eimer. So haben die Fische die Möglichkeit, sich an die andere Zusammensetzung des Aquarienwassers zu gewöhnen. Erst jetzt fischt man die Neuankömmlinge mit dem Kescher aus dem Eimer und setzt sie sie in das Becken. Das Wasser im Eimer wird weggeschüttet, so daß keine Keime aus dem Transportwasser ins Becken gelangen können. Erst am nächsten Tag sollte die erste Fütterung der neuen Fische erfolgen.

Checkliste zum Kauf/ Einsetzen der Fische

1. Schritt
Aquarium komplett einrichten und einige Tage stehen lassen (Filter und Heizung eingeschaltet).

2. Schritt
Liste mit den Fischen (Arten und Anzahl) erstellen, die ins Becken sollen. (Verträglichkeit untereinander abklären, der Zoofachhändler hilft.)

3. Schritt
Kauf der Fische (Plastikbeutel für den Transport gibt es im Zoofachgeschäft).

4. Schritt
Geschlossene Plastikbeutel 15–30 Minuten auf die Wasseroberfläche im Becken legen (zum Temperaturausgleich).

5. Schritt
Unbenutzten Eimer, Becher und Kescher bereitstellen.

6. Schritt
Eine halbe Stunde lang alle fünf Minuten mit dem Becher Aquariumswasser in den Eimer gießen.

7. Schritt
Fische mit dem Kescher behutsam aus dem Eimer fischen.

8. Schritt
Fische umgehend mit Kescher ins Becken setzen (am besten aber zunächst für eine Woche ins Quarantänebecken).

9. Schritt
Erste Fütterung am Tag nach dem Einsetzen.

Vorschlag für den Erstbesatz mit Pflanzen und Fischen

Indischer Wasserfreund (3 Pflanzen)
Mexikanisches Eichenblatt (2)
Sumpfschraube (5)
Haertels Wasserkelch (5)
Javafarn (2)
Zwergpfeilkraut (4)
Madagaskar Wasserpest (1)

Bitterlingsbarbe (6)
Roter von Rio (6)
Platies (3)
Purpurprachtbarsche (2)
Siamesische Rüsselbarben (1)

Roter Neon (20)
Blauer Antennenwels (2)
Schmetterlingsbuntbarsch (2)
Marmorierter Panzerwels (2)

Guppies (3 Weibchen, 5 Männchen)
Blauer Antennenwels (2)
Rote Schwertträger (2)
Black Mollies (2 Paare)
Purpurprachtbarsche (1 Paar)

Celebes-Sonnenstrahlfisch
(Telmatherina ladigesi)
Familie: Regenbogenfische
Temperatur: 22–28 °C
Größe: 7–8 cm
Besonderes: Läßt sich gut vergesellschaften

Alltag mit dem Aquarium

Was fressen meine Fische?

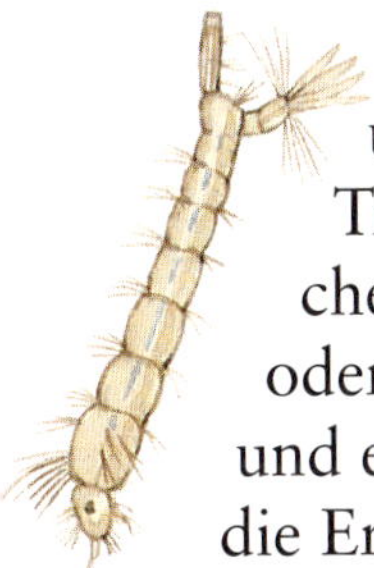

Drei Arten von Futter gibt es: Lebendfutter, Trockenfutter und gefriergetrocknetes Futter. Für das erste Aquarium und seine Fische ist das Trockenfutter vollauf ausreichend. Es ist oft in Tabletten- oder Flockenform zu kaufen und enthält alle Stoffe, die für die Ernährung der Fische wichtig sind: Eiweiß, Fette, Vitamine, Kohlehydrate, Spurenelemente, Mineral- und Ballaststoffe. Wer beim Kauf auf Markennahrung achtet (möglichst in einer versiegelten Dose), kann sicher sein, daß dieses Produkt regelmäßig kontrolliert wird. Zu Hause sollte das Futter dann kühl gelagert und innerhalb von zwei Monaten verbraucht werden. Lebendfutter wie etwa Wasserflöhe, Tubifex und Mückenlarven kauft man am besten im Zoogeschäft. Wenn man Lebendfutter woanders besorgt, riskiert man Krankheitserreger einzuschleppen. Gefriergetrocknetes Futter muß vor der Fütterung aufgetaut werden.

Wie und wie oft wird gefüttert?

Hier gilt das Motto: „Allzuviel ist ungesund." Da die Aquarienfische weniger Bewegung haben als die Fische in der freien Natur, muß man darauf achten, daß sie durch allzu gute Pflege nicht verfetten. Deshalb sollte immer nur so viel Futter ins Aquarium gegeben werden, daß die Fische es innerhalb von drei bis fünf Minuten komplett verspeist haben. Futter, das nicht gefressen wird, kann zu einer Überdüngung des Wassers führen und übermäßiges Algenwachstum verursachen. Füttern kann man einmal pro Tag (bei ausgewachsenen Tieren), bis zu sechsmal am Tag (bei Jungfischen). Zudem muß man beachten, daß wirklich alle Fische in allen „Etagen" des Beckens mit Futter versorgt werden, also die an der Wasseroberfläche lebenden ebenso wie die aus dem Mittelteil und die am Beckenboden. Für die Fische am Boden, wie z. B. Welse, ist es häufig sinnvoll, zusätzliche Futtertabletten auf dem Beckengrund auszulegen.

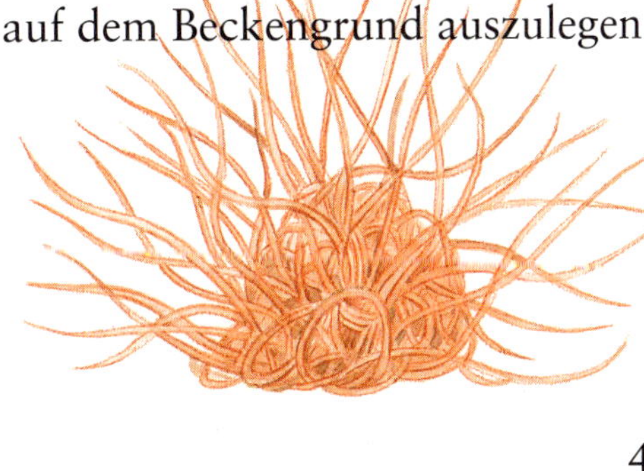

Was muß ich regelmäßig tun?

Ist das Aquarium erst einmal eingerichtet, kann es mit recht wenig (Zeit-)Aufwand gepflegt werden. Tägliche Maßnahmen sind die Fütterung der Fische und die gewissenhafte Kontrolle der technischen Geräte (vor allem Lampen und Filter). Die Temperatur muß regelmäßig überprüft, übriggebliebenes Futter entfernt und täglich nachgesehen werden, ob alle Fische gesund und munter sind. An Farbe, Bewegungen und Appetit ist oft frühzeitig zu erkennen, wenn etwas nicht in Ordnung ist. Im wöchentlichen Abstand sollte man den Mulm vom Beckengrund absaugen, die Scheiben von Algen säubern und abgestorbene Pflanzenteile entfernen. Vor dem monatlichen Großreinemachen heißt es zuallererst:

„Alle Stecker raus!"

Das gilt vor jedem monatlichen Großreinemachen: „Alle Stecker raus!"

Sind die Stecker aus den Steckdosen gezogen, werden die Pflanzen beschnitten und die Scheiben von Kalkbelägen und Algenresten gesäubert.

Dann werden die Pflanzen zurechtgeschnitten und gelichtet, der Filter wird gespült (eine neue Patrone sollte erst eingewechselt werden, wenn sich der Schaumstoff aufzulösen beginnt, wer hier sparsam ist, stört die so nützlichen Bakterien nicht bei ihrer Reinigungs-Arbeit). Schließlich werden die Kalkbeläge und Algen von den Scheiben entfernt, und der Bodengrund ein wenig mit einem Holzstab gelockert. Nach dem Wasserwechsel (der ist so wichtig, daß sich das nächste Kapitel komplett mit ihm beschäftigt) werden dann die Stecker wieder angeschlossen, und der monatliche Check ist abgeschlossen.

Ein Kapitel für sich: Wasserqualität und Wasserwechsel

Neben dem Füttern sind die stetige Kontrolle der Wasserqualität und ein regelmäßiger Wasserwechsel die wichtigste Betreuungsaufgabe des Aquarianers. Schließlich sollen sich die Fische in ihrem Element auch wohl fühlen. Für die Kontrolle der Wasserqualität gibt es umfangreiche chemische Tests. Für den Anfänger reicht aber die Benutzung eines Filters, die Beobachtung der Fische, das Sauberhalten des Beckens und der regelmäßige (Teil)Wasserwechsel. Durch Ausscheidungen von Fischen und Pflanzen sind nämlich für das menschliche Auge nicht erkennbare Stoffe im Wasser gelöst, die auf Dauer den Fischen nicht bekommen. Deshalb ist es notwendig, alle zwei Wochen, bei kleineren Aquarien als dem 54-Liter-Aquarium wöchentlich, ein Viertel bis ein Drittel des Wassers im Becken zu ersetzen. Man benutzt dazu einen Schlauch und einen Eimer. Wer unten am Schlauch eine Mulmglocke anbringt, kann den Wasserwechsel gleich mit diesem Reinigungsvorgang verbinden. Zum Wasserwechseln saugt man kurz am Ende des Schlauchs, das andere Ende ist unter Wasser, und läßt das Wasser in den Eimer laufen, der unterhalb des Aquariums steht. Um nicht ungewollt Fische abzusaugen, hält man das Schlauchende im Becken in den Kescher. Das abgesaugte Wasser wird weggekippt und durch die gleiche Menge neuen Wassers ersetzt. Um die Aquarieninsassen nicht durch einen Schwung kaltes Leitungswasser zu schocken, sollte das Ersatzwasser in einem zweiten Eimer schon einige Stunden zuvor bereitgestellt werden, damit es sich an die Raumtemperatur anpassen und eventuell im Wasser vorhandenes Chlor entweichen kann. Abschließend gibt man nach Vorschrift noch ein Wasseraufbereitungsmittel – erhältlich im Zoohandel – in das Becken.

Die Pflege der Pflanzen

Das Kapitel über die Photosynthese hat gezeigt, daß Pflanzen mehr als bloßes Dekomaterial sind. Neben genügend Licht und regelmäßig gereinigtem Wasser brauchen einige Pflanzen Nährstoffe, die sie mit ihren Wurzeln aus dem Boden ziehen. Deshalb muß der Bodengrund durch Beimischung eines Pulvers gedüngt werden. Außerdem gibt es Pflanzen, denen das Kohlendioxid, das von Natur aus im Wasser gelöst ist und von den Fischen ausgeatmet wird, für ihre Ernährung nicht reicht. In diesen Fällen muß man das Wasser mit Kohlendioxid anreichern. Eine Druckluftflasche mit Kohlendioxidgas ist für ein Anfängeraquarium und seinen Besitzer aber ganz einfach eine Nummer zu groß. Deshalb sollte man sich bei der Auswahl der Pflanzen schon dahingehend beraten lassen, daß man keine mit besonderem Kohlendioxidbedarf kauft und einsetzt.

Worauf man bei Pflanzen achten muß?

Wer die bisher beschriebenen Vorsichts- und Pflegemaßnahmen für seine Pflanzen regelmäßig befolgt, hat alles getan, um ihnen gute Voraussetzungen im Aquarium zu schaffen. Es gibt aber bei den Pflanzen einige alarmierende Anzeichen, die sich an ganz bestimmten äußeren Merkmalen feststellen lassen. In diesem Kasten sind die wichtigsten Merkmale angeführt, was sie bedeuten und was man gegen sie tun kann.

Der Bodengrund wird dunkel, faulige Blasen entstehen, Pflanzen faulen.

Das kann daran liegen, daß der Bodengrund Stoffe enthält, die faulen (Torf u. ä.). Oder der Kies ist zu grobkörnig oder zu hoch aufgeschichtet und läßt deshalb zu wenig Wasser durch. In diesen Fällen sollte der Bodengrund bis zu einer Stärke von höchstens 5 cm abgetragen, der Kies überprüft (Korndurchmesser: 3 mm) und eventuell der Boden gedüngt werden.

Blätter fallen zum Grund, Pflanzen wachsen nicht richtig.

Das kann mit der Beleuchtung des Beckens zusammenhängen. Die Pflanzen sind einem Licht ausgesetzt, das zu wenig blaue Farbtöne enthält. Man sollte entsprechende Leuchtröhren kaufen und einsetzen.

Das Wachstum der Schwimmpflanzen ist gestört, sie sterben ab.

Das kann viele Ursachen haben, hier seien nur drei genannt: die Pflanzen bekommen nicht genügend Licht, die Abdeckscheiben oben auf dem Becken sind verschmutzt, oder der Zwischenraum von der Wasseroberfläche zur Abdeckscheibe ist nicht groß genug. Hier sollte man überlegen, ob nicht anstelle der Abdeckplatte mit ihren Lampen die Oberfläche des Beckens frei bleiben und mit Hängelampen versehen werden sollte. Da die Ursachen für diese Erscheinung vielfältig sind, muß man sich gut beraten lassen.

Eine schmierige, dunkle Schicht liegt auf Pflanzen und Scheiben.

Das weist darauf hin, daß sich im Aquarium Schmieralgen gebildet haben. Hier ist Scheibenputzen angesagt, außerdem sollte man die Stärke der Lampen oder die Beleuchtungsdauer kontrollieren. Nach dem Säubern des Beckens kann man sich überlegen, ob man nicht Fische wie z. B. Saugschmerlen einsetzt, die Algen fressen und so gegen diese Plage helfen.

Die häufigsten Fischkrankheiten

Fischkrankheiten sind ein undankbares aber wichtiges Thema für einen Anfänger. Er ist ja schon froh, die gesunden Fische gut und wachsam zu pflegen, wie soll er da ihre Krankheiten erkennen? Auch hier gilt: wer sich an die oben beschriebenen Maßgaben zur regelmäßigen Pflege hält, hat seinen Teil dazu getan, den Fischen ein angenehmes Leben zu sichern. Bei wirklichen Erkrankungen hilft nur der Ratschlag eines erfahrenen Aquarianers oder der des Zoofachhändlers. Wichtig ist es, neue Fische vor dem Einsetzen ins Aquarium eine Zeitlang (bis zu einer Woche) im Quarantänebecken zu beobachten. Das ist vielleicht umständlich, hat sich aber als Vorsichtsmaßnahme immer wieder ausgezahlt, weil durch kranke Neulinge nicht der gesamte Bestand im Becken angesteckt wird. Man sollte aber auch nicht überängstlich werden und jeden Fisch, der sich einmal etwas unruhiger im Becken aufführt, gleich für krank halten.

Fischkrankheiten und Gegenmaßnahmen

In diesem Kasten werden die wichtigsten Krankheiten der Fische aufgeführt, woran man sie erkennt, und was man gegen sie unternehmen kann.

Ichthyophtirius

Oodinium

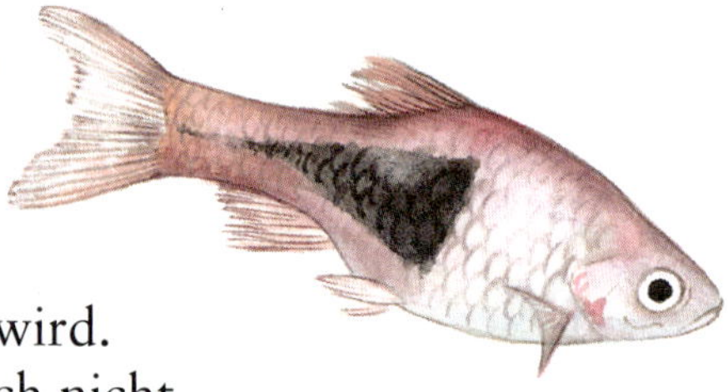

Pilzbefall

Hauttrüber

Ichthyophtirius

Diese Krankheit mit dem unaussprechlichen Namen (Experten nennen sie kurz Ichthyo) heißt auf deutsch „Weißpünktchenkrankheit“. Man erkennt sie an den kleinen hellen Pünktchen, die sich vor allem auf den Flossen der erkrankten Fische bilden. Hier ist schnelles Handeln erforderlich, denn ein erkrankter Fisch läßt auf weitere Erkrankungen im Bestand schließen. Gegen diese wohl häufigste Fischkrankheit hilft ein Medikament, das beim Zoofachhändler erhältlich ist.

Oodinium

Diese Krankheit erkennt man ebenfalls an weißen bis braunen Punkten auf dem Körper der befallenen Fische. Da diese Pünktchen aber erheblich kleiner als beim „Ichthyo“ sind, ist gute Beobachtungsgabe gefragt. Wegen der kleinen Pünktchen heißt Oodinium auf deutsch Samtkrankheit. Auch hier hilft ein Spezialmittel vom Zoofachhändler.

Pilzbefall

Auf diese Krankheit, auch Fischschimmel genannt, weisen weiße, ein wenig ausgefranste Hautpartien hin, die an einen Wattebausch erinnern. Ursache kann eine zu niedrige Durchschnittstemperatur des Wassers sein, allerdings werden nur Fische befallen, die schon erkrankt oder verletzt sind. Auch bei dieser Krankheit hilft der Zoofachhändler.

Hauttrüber

Hier ist ebenfalls eine Erhöhung der Wassertemperatur angebracht. Den Hauttrüber zeigen weiße, ins Bläuliche gehende Körperpartien der befallenen Fische an. Als Gegenmittel kann man dasselbe Medikament wie gegen den Ichthyophtirius verwenden.

Wenn bei Fischen Nachwuchs kommt

Die meisten Fische legen Eier, den sogenannten Laich, aus dem sich dann die Jungfische entwickeln. In vielen Fällen sterben diese Eier ab, wenn nicht ganz besondere Aufzuchtbedingungen erfüllt sind. Es gibt aber Fischarten, wie etwa die Lebendgebärenden (z. B. Guppies, Black Mollys oder Schwertträger), bei denen sich auch im Gesellschaftsaquarium Nachwuchs einstellen kann. Als Aufzuchtplätze für Jungfische eignen sich besonders Bereiche des Beckens, die dicht bepflanzt sind. Um die Jungtiere in der ersten Lebensphase zu schützen, kann man ein Plastikablaichbecken ins Aquarium einhängen oder sie gleich in ein gesondertes Jungfischbecken geben. Dabei ist darauf zu achten, daß es das gleiche Wasser wie das Hauptbecken hat. Außerdem sollte man für Jungtiere den regelmäßigen Wasserwechsel etwa doppelt so häufig vornehmen. Für die Aufzucht der Jungfische gibt es im Zoohandel spezielles Futter.

Aquarium und Urlaubszeit

Unproblematisch sind Wochenendurlaube oder Ferien von ein bis zwei Wochen Dauer. Bei längerer Abwesenheit müssen aber einige Vorsichtsmaßnahmen getroffen werden, um sorgenfrei verreisen zu können. So sollten sechs Wochen vor der Abreise keine neuen Fische mehr eingesetzt werden. Eine knappe Woche vor Ferienbeginn schaut man nach dem Filter und versieht ihn mit einer neuen Patrone, wenn sein Schaumstoff sich aufzulösen beginnt. Einen letzten Teilwasserwechsel führt man am besten vier Tage vor Urlaubsanfang durch. Wer sich nicht durch Freunde bei der Fütterung vertreten lassen kann, sollte einen batteriebetriebenen Futterautomaten benutzen (Kaufpreis etwa 70,–DM). Den nimmt man schon zwei Tage vor der Abfahrt in Betrieb, um zu überprüfen, ob er auch einwandfrei funktioniert. Für die regelmäßigen Licht- und Dunkelphasen sorgt während der Abwesenheit eine Zeitschaltuhr. Aber einige Aquarianer halten es bei einem Becken unter einer Länge von 80 cm für nicht günstig, das Aquarium für längere Zeit unbeaufsichtigt zu lassen. Hier wäre es schon sinnvoll, wenn ein Freund (am besten ebenfalls ein Aquarianer) hin und wieder mal nach Becken und Bewohnern schauen würde.

Dieser batteriebetriebene Futterautomat übernimmt im Urlaub die Fütterung der Fische. Er kostet etwa 70,– DM.

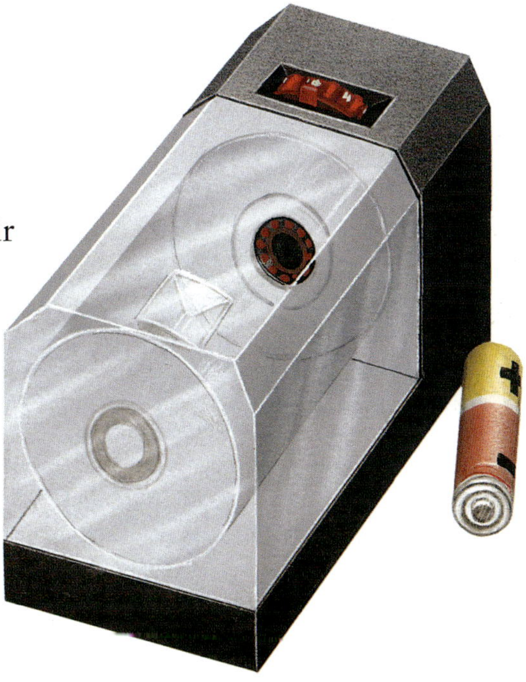

Jetzt will ich mehr

Größere Aquarien

Wer sein erstes Aquarium einrichtet und bestückt, hat damit zunächst einmal alle Hände voll zu tun. Trotzdem sei hier ein kleiner Ausblick getan. Irgendwann kommt der Punkt, an dem man ein größeres Aquarium möchte um bestimmte Fische halten zu können. So ist es den meisten Aquarianern gegangen, die meist ganz klein angefangen haben und dann dem spannenden Hobby verfallen sind. Die Grenzen für größere Aquarien sind eigentlich nach oben offen. Man sollte aber immer daran denken, wieviel ein größeres Becken wiegt. Ein Becken mit den Maßen 120 cm Länge, 50 cm Tiefe und 50 cm Höhe hat ein Wasservolumen von 300 Litern. Ein Becken mit 120 cm Länge, 60 cm Tiefe und 65 cm Höhe hat bereits ein Volumen von 468 Litern Wasser und damit ein erheblich höheres Gewicht (den Inhalt eines Aquariums kann man übrigens ganz leicht selbst ausrechnen: dazu multipliziert man die Länge mit der Höhe und der Breite und dividiert alles durch 1000. Diese Zahl gibt an, wieviel Liter Wasser ins Aquarium passen und wieviel es voll wiegt). Da ist es sinnvoll, sich exakt über die Belastbarkeit des Zimmerbodens zu informieren. Wichtig ist auch, daß man Becken über 100 cm Länge mit einem Mittelsteg stabilisiert.

Wann lohnt ein Umbau?

Die Kosten für ein neues Aquarium sind recht günstig, so daß sich der Aufwand an Zeit und Geld für einen Umbau des alten Aquariums eigentlich nicht mehr lohnt. Es ist deshalb sinnvoller, ein neues Aquarium komplett zu kaufen und das alte für andere Zwecke, etwa als Quarantänebecken, weiter zu nutzen.

Welche Aquarientypen gibt es noch?

Neben den Süßwasseraquarien gibt es Salzwasseraquarien für die Haltung von Meeresfischen. In diesen leben Tiere und Pflanzen tropischer Meere, bevorzugt farbenprächtige Riffbewohner. Tiere aus den Mündungsgebieten großer Flüsse werden in sogenannten Misch- oder Brackwasserbecken (Mischung aus Süß- und Salzwasser) gehalten. Das Gegenteil vom Gesellschaftsaquarium des Anfängers mit vielen verschiedenen Fischen ist das Artenaquarium, in dem nur Fische einer bestimmten Art leben.

Misch- oder Brackwasseraquarium

Artenaquarium

Was sind Aquaterrarien und Paludarien?

Wer an den Pflanzen und Tieren im Uferbereich besonders interessiert ist, für den ist ein sogenanntes Paludarium (Sumpfbehälter) richtig. Es besteht aus einem Wasserbereich und einem Landteil. Im Aquaterrarium sind die Fische nur Nebendarsteller. Im Mittelpunkt stehen Frösche und Molche, die zwar keine Fische sondern Amphibien, aber trotzdem Wasserbewohner sind. Diese Becken haben einen sehr großen Wasserteil und einen kleinen Landbereich.

Paludarium

Aquaterrarium

Ein spannendes Hobby: die Zucht

Wer nicht auf zufälligen Nachwuchs bei den Fischen im Gesellschaftsbecken warten will, sondern ganz gezielt Fische züchten möchte, der braucht Erfahrung, Fachwissen und ein zusätzliches Becken, das ganz bestimmte Bedingungen für die nachzuzüchtenden Fische erfüllt. Bei der Fortpflanzung der Fische unterscheidet man zwischen den lebendgebärenden und den eierlegenden. Oft ist es auch notwendig, Eier oder Jungfische vor den Nachstellungen ihrer eigenen Eltern zu schützen. Wer sich als Aquarianer einmal darauf eingelassen hat, die richtigen Zuchttiere auszuwählen, ein artgerechtes Aquarium einzurichten, nach der Paarung der Zuchtfische die Aufzucht der Brut und danach die der Jungfische zu betreuen, den wird die Zucht kaum noch loslassen.

In einem Zuchtbecken ist es oft notwendig, die Jungfische von den Eltern zu trennen. Hierzu dient der Ablaichkasten.

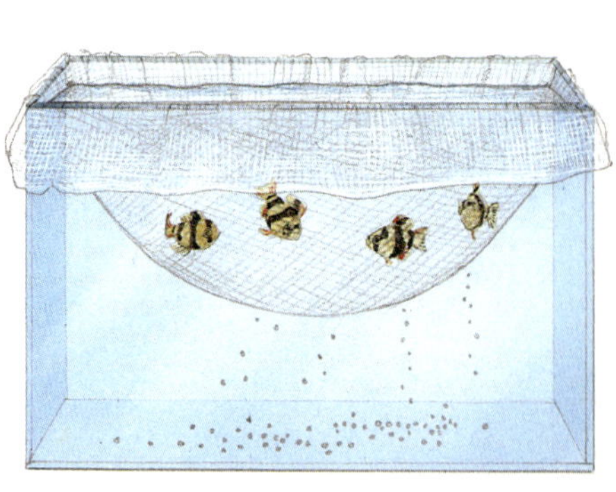

Leben im Zuchtbecken sogenannte Freilaicher, ist es notwendig, die Eier, die sie legen, mit einem Netz zu schützen, denn oft fressen die freilaichenden Fische ihre eigenen Eier.

Register

Verzeichnis der Fischnamen

Verzeichnis der Pflanzennamen

Informieren Sie sich bei Ihrem Zoofachhändler über unser Gesamtprogramm. Ihr Zoofachhändler berät Sie gern.
REKORD 70
Das Aquarium mit System.
Ausgestattet mit dem
passenden Zubehör:
Beleuchtung und
biologischem Innenfilter.
JUWEL®
AQUARIUM